AF347732

# BERN PORTER

# KÄRNVAPENEPOKEN OCH ANDRA DIKTER

# THE NUCLEAR AGE AND OTHER POEMS

Översättning / Translations
Frank Bergsten, Magnus Grehn, Colm O'Ciarnáin

© The Bern Porter Estate, Roger Jackson Publishing
© Porträtt foto: Sheila Holtz
© Karl Larsson, omslag
© översättarna
Grafisk form: Karl Larsson
Tryck: Scandinavian Book, Århus, Danmark
Upplaga 200, 2022
Magnus Grehn förlag en del
av Litteratucentrum Kvu.
Tack till Kulturens
Tack/Acknowledgement:
Mark Melnicove of The Bern Porter Estate, Roger Jackson Publishing
Magnus Grehn förlag
Domaregatan 11C
573 35 Tranås
Sweden
0727070054
mgrehn@hotmail.com
www.magnusgrehnforlag.se
litteraturcentrum.nu
ISBN 978 - 91 - 986510 - 2 - 7

BERN PORTER

# KÄRNVAPENEPOKEN

BERN PORTER

# THE NUCLEAR AGE

# DESSA FEMTIO ÅR SOM GÅTT

Var femtionde år minns nationer
Det som aldrig skulle ha skett


Som för mig,
mitt samvete
är mer inristat femti år senare
än någonsin tidigare
för onda handlingar
är jag skyldig;
skyldig bortom förlåtelse
skyldig bortom ånger
skyldig bortom år av träldom
skyldig bortom ett liv av kall inskränkhet
till skillnad från
mina ursprungliga fäders kod
tillät jag elementen
att tas bort från den heliga jorden
trots orden
från min egen mor
lekte jag med farliga leksaker.


Ni kan inte förlåta mig
Jag kan inte begära det av er.
Jag kan inte säga att jag är ledsen.
Jag kan bara säga att jag är skyldig.

Anklaga mig.
Men under tiden
var vänlig notera:
Jag bad Eve Curie
Jag bad Lisa Meitner
Jag bad Albert Einstein
Jag bad E.O. Lawrence
att inte säga till Harry Truman.
Låt oss bara läsa om det
i skolornas historieböcker
medan amerikanska sällskapet
av universitets kvinnor
fortsatte att skicka medel till
Eva Curies forskning.

Till ingen nytta sorgligt nog.
Den ön vid er kust:
med släppta flygblad kunde vi
ha bett er alla att se på
när vi fick den att försvinna.

När Einstein träffade er kejsare
för att förklara det vi hade
borde ni också fått veta
vi borde ha visat er.

Sorgligt nog gjorde vi inte det
Ni visste inte,
Kunde inte förutse.

Så kom vi över Shimonoseki.

Molnen skyddade dem helt

(De där uppe och de där nere

var av samma religion)

Och sen var det du.

När vi lämnade Tinian

”låt första synliga platsen smaka på det”

Ni syntes.

Vi hade inte visat nåt.

Vi hade inte sagt nåt.

Vi lydde order.

Vi lät er smaka på det.

Sorg, sorg,

största magnituden.

Sorg, sorg

För något vi aldrig kan säga

att vi är ledsna

eller att ni någonsin kan förlåta oss.

Det var gjort, har gjorts,

Den allra största av

Största magnituder av sorger.

Hus och byggnader jämnade med marken.

Gröna kullar och risfält brända.

De lamslagna och skadade blir galna.

Ingen tillgång till läkemedel.

Stor sorg samlas.


Men mera.

Min plasma mer synkat än någon annan,

Jag lätt det korrodera, rosta och falla av.

Åh vind,

Åh sol,

Åh flod,

Varför tog jag inte emot er?

Varför lät jag dem sälja allt för en dollar

När de ej visste vad att göra med avfallet?

Och ännu inte vet hur eller var?

De tar isär det som inte kan vara,

rensar upp det som inte kan renas.

De är upptagna nu

att plocka ner det som inte kan plockas ner.

Mera.

Det finns inga planer för evakuering.

Vindar från vacklande verk

diskriminerar inte.

Ångrören läcker.

Produktionskostnaderna ökar.

Åh vind,

Åh sol,

Åh flod,

Det är försent.

Alldeles försent.

Varför vände jag mig inte till er?

Jag är skyldig.

Anklaga mig.

# THESE 50 YEARS GONE

Every fifty years nations memorialize
what should never have happened

As for me,
my conscience
is more seared fifty years later
than ever before
for evil acts
I am guilty;
guilty beyond forgiveness
guilty beyond repentance
guilty beyond years of servitude
guilty beyond a life of cold confinement.
Contrary to the code
of my native fathers
I allowed elements
to be removed from the sacred earth.
Contrary to the words
of my own mother
I played with dangerous toys.
You cannot forgive me.
I cannot ask you to do so.
I cannot say I am sorry.
I can only say I am guilty.

Accuse me.
But in the process
note please:
I asked Eve Curie
I asked Lise Meitner
I asked Albert Einstein
I asked E.O. Lawrence
not to tell Harry Truman.
Just let all of us read
about it in school history books
while the American Society
of University Women
sent funds to Eve Curie
to continue her research.

To no avail sadly sad.
That island off your shores:
with dropped flyers we could
have asked all of you to watch
us make it disappear.

When Einstein met with your emperor
to explain what we had
you too should have been told
we should have shown you.

Sadly sad we didn't.
You didn't know,
could not foretell.

So we came over Shimonoseki.

Clouds fully protected them

(Those above and those below

were of the same religion.)

And you were next.

Official orders on leaving Tinian

"Let the first place open have it."

You were open.

We hadn't shown you.

We hadn't told you.

We followed orders.

We let you have it.

Sorrow, sorrow,

greatest magnitude.

Sorrow, sorrow

for which we can never say

we are sorry

nor you ever forgive us.

It was done, has been done,

this greatest of

greatest magnitude sorrows.

Houses and buildings smashed to the ground.

Green hills and rice paddies browned.

The paralyzed and wounded going insane.

Medical remedies unavailable.

Great sorrows compounded.


But more.

My plasma more tuned than any other,

I let corrode, rust, and drop away.


O wind,

Oh sun,

Oh tide,

Why did I not embrace you?

Why did I let them sell it all for a dollar

When they knew naught what to do with the waste?

And still don't know how or where?

They are taking apart what cannot be cleaned up.

They are busy now

taking down what cannot be taken down.


More.

There are no plans for evacuations.

Winds from faltering plants

do not discriminate.

Steam pipes are leaking.

Costs of production increase.


O wind,

Oh sun,

Oh tide,

It is too late.

Too too late.

Why did I not call upon you?

I am guilty.

Accuse me.

# SORGEN



Vi kunde ha visat er

Vi kunde ha sagt till er

Vi visade inte er

Vi sa inget till er

Vi släppte det på er


I krig kan vi inte be om ursäkt

Ni kan inte förlåta oss

Det är ute och överallt nu

Detta hemska monster


36 platser som ska rensas upp

140 nationer tillverkar vapen

110 verk med läckande rör

Det finns inget slut


Hiroshima

        Såg det

           Först

# THE SORROW



We could have shown you

We could have told you

We didn't show you

We didn't tell you

We dropped it on you


In war we cannot say we are sorry

You cannot forgive us

It is out and everywhere now

This terrible monster


36 sites to be cleaned up

140 nations making weapons

110 plants with leaking pipes

There is no end


Hiroshima

        Saw it

            First

# KÄRNVAPENEPOKEN



Krig är en mental sjukdom av den

högsta graden, en offentlig

manifestation där alla som

arrangerar, regisserar, deltar

är galet rubbade.

Galenskapen berör oss alla och vi

har ingenstans att fly

# THE NUCLEAR AGE

War is a mental disorder of the
highest order, a public
manifestation that all who
arrange, direct, participate
are madly deranged. The
insanity touches us all and we
have nowhere to go.

# DAGAR PÅ TIDIGT ÅTTITAL



Nu kommer det emot mig från skyn.

Tändernas fyllningar i käken lossnar

Spikarna i hälarna på skorna visar slitage

Mitt fina hår går inte att kamma som det en gång
gjorde

Folk hugger mig och lämnar djupa ordsår

De lämnar rivmärken på mina ögon

Deras härskna blod i min soppa

Radioaktiv aska i min säng

En framstöt av rykten, spekulationer och
skvaller

Uppbackade av pressmeddelande, nyhetshistorier

Radioerad och TV-erad rakt in i mina öron

Lämnar rädsla, tvivel, frågor och osäkerhet
bakom mig

Alla sanningar förvrängda, nermalda, borta

Jag vill fly men har ingenstans att gå.

# DAYS IN THE EARLY EIGHTIES

It is coming out of the sky at me now

The fillings in my back teeth are loosening

The nails in the heels of my shoes are showing
fatigue

My beautiful hair no longer combs like it used
to

People stab me making deep word wounds

They leave scratches on my eyeballs

Their rancid blood in my soup

Radioactive ashes in my bed

Thrust rumors, speculation and gossip

Backed by press releases, news stories

Radioed and TVed into my ears

Leaving fear, doubt, questioning, uncertainty
behind

All truths distorted, ground down, gone

I want to run but have nowhere to go.

# JAG

Glädjen strålar där förvirring fanns

I rännilar av ljus en stråle

Så nära dagen

Så långt sången

Till natten: hälsning


Finner själar jag finner min

Tar till mig idéer jag vet mina

Älskar dig jag älskar mig

Hatar dem jag hatar mig

Sårar dödar jag mördar jag

Raderar mig själv jag blir mig


Jag sänker existenser

Spränger minnet, eldar upp avfallet

Jag omarbetar utvecklingens tangent

Söker neandertalarnas linje

Samlar in månens önskningar


Jag förnyar förnyelsen

Och går ut


Aldrig mer det fjärran hoppet

(Den som hoppas, dog)

Det här är det

Jag är den ende

Det som följer är sen

# ME

Joy glows where confusion was

In rills of light a beam

So near the day

So far the song

To night:  greeting.


Finding souls I find my own

Embracing ideas I know mine

Loving you I love me

Hating them I hate myself

Hurting killing I murder I

Self-erasing I become me.


I scuttle existences

Dynamite memory, ridding dross by fire

I recast progression's tangent

Seek the Neanderthal line

Glean by moon's wish doing.


I renew renewal

And get out.


No more the distant hope

(Who hopes, died)

This here is it

I am the one

What follows is next.

# INTE JAG



Jag har inte syndat

Jag har inte med våld rånat

Jag har inte stulit

Jag har inte dräpt män och kvinnor

Jag har inte stulit säd

Jag har inte stulit erbjudanden

     har inte rört Guds ägodelar


Jag har inte burit iväg mat

Jag har inte svurit

Jag har inte legat med män


Alla ni

Hylla mig

# NOT ME

I have not committed sin

I have not committed robbery with violence

I have not stolen

I have not slain men and women

I have not stolen grain

I have not purloined offerings

    have not touched the property of God


I have not carried away food

I have not uttered curses

I have not lain with men


All ye

Hail me

# MÅNGA HAR HÖRT ORD

1. Många har hört ord. Få har hört dess
mening, känsla och musik. Många ord är idag
så kantstötta i vår kultur att endast musiken
återstår. Låt oss lyssna till dem. Ta den tiden.


2. Ljud har hörts av oss alla. Men har ni även
hört dess själ, dess inre väsen? Från oljud
kommer harmoni; dissonansen utfärdade det
vackra. Ensamheten blomstrade. Konglomeratet
bröts ner. Svara.


3. Icke-instrumentens sanning får fast form
endast när den blir slagen, sprängd, klöst och
fastspänd. Instrumentens räckvidd når längre
än vad skaparna avsåg. Använda i konsert blir
det falska och det sanna både sant och falskt.
Kapitulera.


4. Kamratskap, tre till sex, tillsammans,
spontant, orepeterat, fot till käke, tillverkar
den omedelbara produkten, magisk, vackert rå,
ojämn men slät, alltid ren.


5. I sig själv, aldrig dold, kommer
fullständigheten. Våra så avtrubbade sinnen,
förlorade i denna förvirrade värld, så angenämt
att då känna dess läkning.


6. Ofördärvade, fristående, separerade från de
övriga, sedan blandade till en enhet bara för
att brytas itu igen, gasar på, saktar ner, nu
högt sedan lågt - strunta i hjärnan, låt själen
känna efter.

# MANY HAVE HEARD WORDS

1. Many have heard words. Few have heard their meaning, sense and music. Many words are now so bruised in our culture that only their music remains. Let us listen to them. Do take time.

2. Sounds have been heard by all of us. But have you also heard their spirit, their inner being? Out of noise comes harmony; from discord issued the neat. The solitary bloomed. The conglomerate broke down. Respond.

3. Non-instruments crystallize their truth only when beaten, blown, scratched and belted. Instruments have greater ranges than designers intended. Employed in concert the non and the real make both real and non. Surrender.

4. Comraderie, three to six, together, spontaneous, unrehearsed, foot to jowl, manufactures the intuitive output, magical, beautifully rough, uneven but clean, always pure.

5. Into its own, never concealed, comes the fullness. Our senses dulled beyond repair in this hub-a-dub world, how pleasant to feel them repealing!

6. Uncluttered, detached, separated from the others, then mixed into a whole only to be broken again, speeded up, slowed down, now high then low - never mind the mind - let the soul feel it.

# SAGAN OM EN KALL FISK

När min mor sa

Att jag var en kall fisk

Specificerade hon inte

Torsk

Helgeflundra

Forell

Laxöring

Or

Rökt kolja

Alla kalla

Hon kallade mig bara

En kall fisk,

Till det svarar jag

Ja, jag är kall

i Temperatur

i Manér

i nalkande

i Teknik

i Generella drag

Men att vara en fisk

Detta vet jag inte.

I själva verket

Vet jag inte mycket om fisk.

När folk frågar mig

Om jag sticker och fiskar

Svarar jag alltid

Ja det gör jag.

Jag går ner till

Fiskön i

Matbutiken

Och dryftar

En väldig lång tid

Om jag ska ta

Sardiner från

Norge, Sverige, Alaska

Eller Maine.

Vilken av dem

Är billigast

Frågar jag mig alltid

Och när jag lämnar

Fiskön

I mataffären

Är jag generad

Att de billigaste

Sardinerna

Som jag köpte

Inte är från Maine.

Ännu en förrädare

Skulle visa säga

Eller som min

Mor Säger

En förrädarfisk

Men är sardiner verkligen

Fiskar, eller något av en imitationsfisk?

Jag tycker inte

Att de räknas som fisk

Och förresten

Jag är inte en

Av dem. Verkligen inte

Och inte så kall.

# THE COLD FISH SAGA

When Mother said

I was a cold fish

She did not specify

Cod

Halibut

Trout

Sword

Or

Finnan Haddie

All cold.

She only called me

A Cold Fish.

To which I reply

Yes, I am cold

In temperature

In mannerisms

In approaches

In techniques

In ways generale

But being a fish

That I do not know.

As a matter of fact

I do not know

Much about fish.

When people ask me

If I go fishing

I always say

Yes I do.  I

Go down to the

Fish Isle at

The Super Market

And debate for

A very long time

Whether I'll

Take Norwegian

Alaskan, Swedish

Or Maine Sardines.

Which ones are

The cheapest

I always ask

And as I leave

The Fish Isle

At the Super Market

I'm embarrassed

That the cheapest

Sardines the

Ones I've bought

Are not from the

State of Maine.

Another traitor

Some would say

Or as my mother

Says a traitor fish

But are

Sardines really

Fish or

Approximate

Imitation fish?

I don't think they

Count as fish

And furthermore

I am not

One of those

Certainly not

And not that cold.

# Bern Porter

Efterord: Magnus Grehn

Efter Hiroshima och Nagasaki i augusti 1945 hade Bern Porter fått nog av att vara en del av Manhattanprojektet och maskineriet runt byggandet av atombomben. Efter att ha blivit handplockad på ett värvningskontor i Newark, New Jersey 1942 där det uppmärksammades att han var en fysiker som kunde forska på hur man utvinner uranium, fick han order om att infinna sig till ett mystiskt armékontor på Broadway, New York. Porter blev civil fysiker under militärens säkerhetstjänst och placerad på avdelningen för fysik på Princeton universitetet. Manhattanprojektet tog även Bern Porter till andra platser i USA som Oak Ridge, Tennessee och på University of California i Berkeley med självaste Robert Oppenheimer som chef.

Nu var Bern Porter en del av ett projekt som kom att växa och bli större och större i jakten på att hinna före tyskarna med att bygga den första atombomben. Kodnamnet för detta utvecklings- och forskningsprogram var Manhattanprojektet. Det leddes av Robert Oppenheimer och hade som mest 130 000 anställda. Men Porter arbetade aldrig på den plats som mest förknippas med Manhattanprojektet och framtagandet av den första atombomben: Los Alamos, New Mexico, där världens första atombomb provsprängdes den 16 juli 1945 i Alamogordoöknen.

6 augusti samma år flög planet Enola Gay över Hiroshima och släppte atombomben Little Boy med förödande konsekvenser. Bern Porter slog dagen efter upp New York Times och läste att en atombomb hade släppts över Hiroshima. Han fick stora skuldkänslor och insåg att han slösat bort fyra år av sin talang och sitt liv på att vara en del av något så fruktansvärt som framforskandet av en atombomb som slutade i död och lidande. Den 9 augusti smällde atombomben Fat Man över Nagasaki.

Porter slutade sitt jobb som fysiker i Manhattanprojektet och skulle aldrig återgå till att bli en del av krigsindustrin. (1) Istället kom han att ägna resten av livet åt konst, litteratur och förlagsverksamhet, samt en tid driva en tidskrift. Han kom att bli en stark kritiker av en atombombskapplöpning som löpt amok, och kom att få problem med FBI efter att ha slutat vid Manhattanprojektet. (2) Dikten *These 50 years gone* publicerades 1995 och kom med i flera stora japanska dagstidningar. Bara en lokal amerikansk dagstidning publicerade dikten. Roger Jackson, Publisher gav ut dikten som en chapbook 1996.

Den 14 februari 1911 föddes Bernard Harden Porter i Houlton, Aroostook County i Maine. Han fick ett stipendium som student och läste ekonomi, fysik och kemi, men tog aldrig sin examen vid Brown University. Han rörde sig i kretsarna runt Gertrude Stein i Paris 1937-38 och läste då Henry Miller för första gången, vilket kom att få en stor betydelse i hans liv.

Bern Porter träffade Henry Miller för första gången 1943 i Kalifornien när han arbetade där. Mötet med Miller gjorde ett starkt intryck på honom och Porter började samla på Milleriana för att sätta ihop en bibliografi. Något som visade sig lättare sagt än gjort, då Millers skrifter var utspridda i ett myller av små oberoende förlag och tidskrifter.

Millers två mest berömda verk *Kräftans-* och *Stenbockens vändkrets* var utgivna i Paris och fick inte importeras till USA. I USA var det James Laughlins New Directions som var det mest framträdande oberoende förlaget som publicerade Henry Miller på 1940-talet. Porter började med att ge ut essän *Murder the Murderer*, 1944. Hans bibliografi *Henry Miller. A Chronology and Bibliography* kom ut 1945. Samma år publicerades även *Happy Rock*, en bok med artiklar om Miller. När Bern Porter slutat som fysiker efter kriget såg han förläggarverksamheten som en karriärmöjlighet. Tio titlar med och om Miller kom ut på Bern Porter Books 1944-1962. Några av titlarna var *The Plight of the Creative Artist in the United States of America, Semblance of a Devoted Past, Money and How it Gets That Way, Miscellanea* m fl. 1961 släpptes *Kräftans vändkrets* på Grove Press. Laughlin och Porter bidrog till att bana vägen för att Millers böcker, som tidigare ansetts obscena av myndigheterna, fick bli publicerade även i USA.

Bern Porter förlag släppte 47 titlar från 1944-1962, och från 1968-1983 i samarbete med Walton Press med några titlar till. Porter publicerade även några bibliografier, litterära kartor och många broadsides. Han drev en tid den litterära tidskriften

*Circle* tillsammans med George Leite. Både förlaget och Circle publicerade poeter och författare som Parker Tyler, Kenneth Patchen, Philip Lamantia, Robert Duncan, James Schevill, Kenneth Rexroth m fl. De flesta hade en koppling till Kalifornien och San Francisco-renässansen och beat generationens litterära scener. Porter publicerade även sig själv i flera broadsides.

Porter har publicerat sina texter som found poems, collage, konst, dikter, prosa och essäer i ett myller av böcker, broadsides, chapbooks och tidskrifter. *The Manhattan Telephone Book, Found Poems, I've Left och Selected Founds* är några av de böcker med found poems som gavs ut på 1960-70-talet på bland annat fluxuskonstnären Dick Higgins förlag Something else press. Porters found poems är texter han hittat på gatan, papperskorgen eller i reklam som Porter klipper ut och gör poesi av. Helt plötsligt får den upphittade texten en helt annan innebörd. I sin konst använde Porter mail art, fotocollaget och sina found-fynd till att skapa olika collage. Under en tid hade även Porter två konstgallerier i Kalifornien under 1950-talet. Porter gjorde även performancepoesi ihop med Mark Melnicove under 1980-talet som släpptes på flera kassetter.

Själv upptäckte jag Bern Porter genom mitt intresse för Henry Miller. Roger Jackson Publisher hade släppt ett stort antal skrifter av Miller och Porter och under en tid brevväxlade jag sporadiskt med Porter från 1990-talet fram till Porters död 2004. Moma hade en utställning med Porter, 7 april - 5 juli, 2010, *"Lost and Found: The Work of Bern Porter from the Collection of Museum of Modern Art Library."* Mark Melnicove som har hand om The Bern Porter Estate har varit vänlig nog att låta mig publicera ett urval av Porters texter. Även Roger Jackson har varit generös genom att låta mig använda material som varit utgivna av Roger Jackson Publishing.

För vidare läsning:

Schevill, James, *Where to Go, What to do, When You Are Bern Porter : A Personal Biography*, 1992,

Bibliografi i urval:
Selected Bibliography:

*Sounds That Arouse me : Selected Writings*, 1993

*So Far : A Bern Porter Miscellany*, 2001

*Dear Me*, 1985

*Found Poems*, 1972

*Bern on Bern*, 2000

*Questions About Henry Miller
That No one Ever Asked Me - With
Answers by B.P.*, 1995

*The Last Acts of Saint Fuck You*, 1985

*These 50 Years Gone along with
Sorrow*, 1996

*Bern Porter's Pillow book*, 1996

*From Ber Porter To: The world!*,
1999

*Finger Food*, 1999

*SEe(MAN)TIC*, 1994

*Gee-Whizzels*, 1977

*Doldrum : A Study in Surrealism*,
1941

*Waterfight*, 1941

*Drawings 1955-56*, 1957

*I've Left*, 1963

*What Henry Miller Said and Why It
Is Importaint*, 1964

*The Manhattan Telephone Book*,
1972

*Selected Founds*, 1975

*The Book of Do's*, 1982

*Here Comes Everybody's Don't
Book*, 1984

*My My Dear Me*, 1985

*CRCNCL*, 1991

*Numbers*, 1991

-------------------------------------------

(1);
" Det här är hur Bern berättade
historien, men dokumenten visar
att Manhattanprojektet avslutades
några veckor efter att bomberna
släpptes. Porter blev förflyttad till
ett annat departement på University
of California. Så han slutade inte.
Det lades ner och han fortsatte vara
anställd av univiversitetet, något
som han antagligen inte skulle varit
om han slutat när han hörde om
bomben, som han påstår."

Mark Melnicove, The Bern Porter
Estate, November 2021

(2);
"FBI hade en fil på honom i sitt arkiv
under några decennier efter att Porter
lämnat Manhattanprojektet, men de
åtalade aldrig honom."

Mark Melnicove, The Bern Porter
Estate, November 2021

# Bern Porter

Afterword: Magnus Grehn

After Hiroshima and Nagasaki August 1945 Bern Porter had enough of being a part of the Manhattan Project and its machinery surrounding building the nuclear bomb. After being hand picked at a recruiting office in Newark, New Jersey 1942, where he was observed as a physicist who could conduct research on how to extract uranium, he was ordered to appear at a mysterious army office on Broadway, New York. Porter became a civil physicist during the military intelligence and placed in the physics department at Princeton University. The Manhattan Project took Bern Porter to other places in the US. such as Oak Ridge, Tennessee and University of California in Berkeley with Robert Oppenheimer himself as boss.

Bern Porter was now part of a project which came to grow bigger and bigger in the race of trying to beat the Germans building the first nuclear bomb. Codename for this development- and research programme was the Manhattan Project. It was led by Robert Oppenheimer which at the most had 130 000 employees. But Porter never worked at the place most associated with the Manhattan Project and the development of the first nuclear bomb: Los Alamos, New Mexico, where the world's first nuclear bomb was tested the 16th of July 1945 in the Alamogordo Desert.

August 6 same year the plane Enola Gay flew over Hiroshima and dropped the bomb Little Boy with devastating consequences. The day after Bern Porter opened the New York Times and read that a nuclear bomb had been dropped on Hiroshima. He felt very guilty and realised he had wasted four years of his talent and life in order to be part of something that horrible as carrying out research of a nuclear bomb that ended in death and misery. August 9 the nuclear bomb Fat Man exploded over Nagasaki.

Porter quit his job as physicist in the Manhattan Project and would never return being a part of the war industry. (1) Instead he would dedicate the rest of his life to art, literature and publishing, and also to run a magazine. Over time he became a strong critic of a nuclear arms race running amok, and got into trouble with the FBI after leaving the Manhattan Project. (2) The poem *These 50 years gone* was published in 1995 and made it into several large Japanese newspapers. Only one local paper published the poem in America. Roger Jackson, Publisher, published the poem as a chapbook in 1996.

Bernard Harden Porter was born on February 14 1911 in Houlton, Aroostook County in Maine. He got a scholarship as a student and studied economics, physics and chemistry and he was a ungraduate from Brown Univeristy. He hung out with the crowd around Gertrude Stein in Paris 1937-38 and read Henry Miller for the first time, which would have a major impact on his life.

Bern Porter first met Henry Miller 1943 in California while he was working there. The encounter with Miller left a deep impression on him and Porter began collecting Milleriana to put together a bibliography. Something easier said than done, since Miller's writings were scattered over a myriad of small independent publishers and magazines. Miller's two most famous works *Tropic of Cancer* and *Tropic of Capricorn* were published in Paris and could not be imported to the USA. In the USA it was James Laughlin's New Directions which was the most prominent of independent publishers that published Henry Miller in the 1940's. Porter began by publishing the essay *Murder the Murderer* in 1944. His bibliography *Henry Miller. A Chronology and Bibliography* came out in 1945. The same year *Happy Rock* was published, a book with articles about Miller. When Porter quit his job as physicist after the war he saw a career opportunity in publishing activities. Ten titles with and about Miller came out on Bern Porter Books between 1944-1962. Some of the titles were *The Plight of the Creative Artist in the United States of America, Semblance of a Devoted Past, Money and How it Gets That Way, Miscellanea* and more. In 1961 *Tropic of Cancer* was published by Grove Press. Laughlin and Porter helped pave the way for Miller's books, previously considered obscene by the authorities, so his books also could be published in the USA.

Bern Porter Books published 47 titles between 1944-1962 and some more in collaboration with Walton Press between 1968-1983.

Porter also published some bibliographies, literary maps and several broadsides. For some time he ran the literary magazine *Circle* with George Leite. Both the publishing house and *Circle* published poets and writers such as Parker Tyler, Kenneth Patchen, Philip Lamantia, Robert Duncan, James Schevill, Kenneth Rexroth and more. Most had a connection to California and the San Francisco renaissance and the literary scenes of the beat generation. Porter also published himself in several broadsides.

Porter has published his texts as found poems, collage, art, poems, prose and essays in a myriad of books, broadsides, chapbooks and magazines. *The Manhattan Telephone Book, Found Poems, I've Left* and *Selected Founds* are some of the books with found poems published in the 1960's-1970's on, among others, fluxus artist Dick Higgins' Something Else Press. Porters found poems are writings he found on the streets, in trash cans or in advertisements that Porter cut out and out of that made poetry. Suddenly the found texts come to mean something completely different. In his art Porter used mail art, photo collage and his found-findings to create various collages. For a time in the 1950's Porter had two art galleries in California. Porter also did performance poetry with Mark

Melnicove in the 1980's which was released on several tapes.

I myself discovered Bern Porter through my interest in Henry Miller. Roger Jackson Publisher had published a large number of writings by Miller and Porter and for some time I sporadically corresponded with Porter from the 1990's until his death in 2004. Moma had an exhibition with Porter April 7 - July 5, 2010 called *"Lost and Found: The Work of Bern Porter from the Collection of Museum of Modern Art Library."* Mark Melnicove who takes care of The Bern Porter Estate has been kind enough to let me use material which has been published by Roger Jackson Publishing.


For more reading:
Schevill, James, *Where to Go, What to do, When You Are Bern Porter : A Personal Biography, 1992*

--------------------------------------------

(1);
"This is how Bern told the story, but documents show that the Manhattanm Project was terminated a couple of weeks after the bombs were dropped. Porter was transferred to another department at the University of California.

So he didn't exactly quit the project, it was terminated and he continued to be employed of the new university, which probably would not have happened if he had quit upon the hearing the news of the bomb, as he claimed."

Mark Melnicove, The Bern Porter Estate, November 2021

(2);
"The FBI kept a file on him for a couple of decades after Porter worked on the Manhattan Project, but they never charge him with anny offenses."

Mark Melnicove, The Bern Porter Estate, November 2021

# TIDIGARE UTGIVNINGAR:

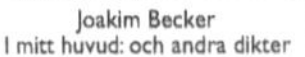

Joakim Becker
I mitt huvud: och andra dikter

ISBN: 978-91-977806-3-6

John Bennett
Rök och speglar:
poesi & shards

ISBN: 978-91-977806-1-2

Irving Stettner
"Hallå, Irving, är det du?"

ISBN: 978-91-977806-05

Anthony Jones
Episodes and Fragments
Episoder och fragment

ISBN 978-91-977806-4-3

Frank Bergsten
Vivelsallad

ISBN: 978-91-977806-5-0

Jonas Bengt Svensson
Och sedan fogas ihop igen:
Halvautomatiska skisser
från nattåg

ISBN: 978-91-977806-2-9

Peter Nyberg
Palliativ vård

ISBN: 978-91-977806-6-7

Joakim Becker
I sällskapsrummet på en
psykiatrisk klinik

978-91-977806-8-1

Frank Bergsten
LUDDAPA

ISBN: 978-91-977806-9-8

Ann Charters
Två änkor ser sina poeter sova
Two Poets See Their Poets Sleeping

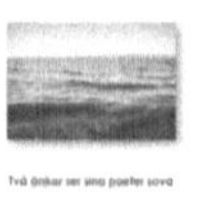

ISBN: 978-91-977806-7-4

Peter Nyberg
Våldsdåd -
Samplingar och loopar

ISBN: 978-91-984419-3-2

Mike Bode
2 or 3 things I know about
Turkey (DEPO/MG förlag)

ISBN: 978-91-984419-1-8

Frank Bergsten
VUXENVÄLLING

ISBN: 978-91-984419-9

Melanie Perry
Sound the Hollow
Det håligas ljud

ISBN: 978-91-984419-0-1

Derek Coyle
Reading John Ashbery in
Costa Coffee, Carlow

Att läsa John Ashbery på
Costa Coffee, Carlow

ISBN: 978-91-984419-5-6

Joakim Becker
Jag skyfflar kvicksand med
bara händerna

ISBN: 978-91-984419-6-3

Frank Bergsten
Såsmord

ISBN: 978-91-984419-7-0

Joakim Becker,
Minnesluckor och komprimerade
dödsrunor (MGF & Chap)

ISBN: 978-91-984884-4-9

Magnus Grehn & Mikael Ekström,
Gubbar med vagn och andra
dikter (MGF & TLR)

ISBN: 978-91-984419-9-4

Stoppbiljett. Avstigning Tranås.
- Fritiof Nilsson Piratens tid i
Sommenbygd

ISBN: 978-91-986482-3-2

MG & ME, Punk's Dead
and Other Poems

ISBN: 978-91-986510-1-0

MGF en del av Litteraturcentrum
Kvu.

Böckerna går att köpa om ni
följer länken eller QR-koden.

www.litteraturcentrum.nu/shop-1

## KOMMANDE

**Dominic Williams**,
Jag är den galna mannen
på tåget

**Joakim Becker,**
Blackouts

**Frank Bergsten,**
Mobbkråka

**Ron Riddell,** Dikter

## KOMMANDE

**Camilla Mollung/
Peter Nyberg,** Dikter

**Thomas C. Ericsson,**
nattbok

**Derek Coyle,** Dikter

© Magnus Grehn förlag
Domaregatan 11C
573 35 Tranås
0727-070054
mgrehn@hotmail.com
www.magnusgrehnforlag.se

www.ingramcontent.com/pod-product-compliance
Lightning Source LLC
LaVergne TN
LVHW041802190726
843493LV00008B/2748